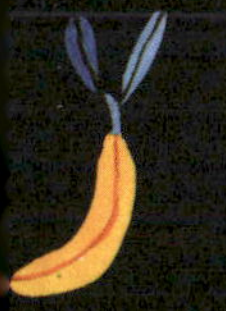

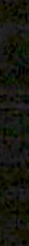

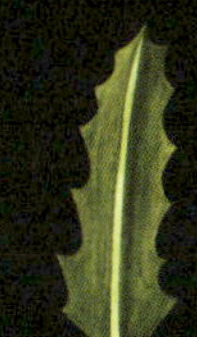

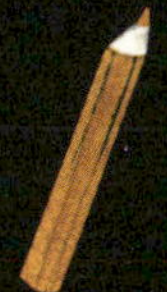

Grüner wird's nicht!: Das Buch für kleine Gärtner

Illustriert von Aitch
Text von Kirsten Bradley

Konzeption, Redaktion und Design von gestalten

Herausgegeben von Angela Francis und Robert Klanten

Design und Layout von Constanze Hein, Book Book

Übersetzung aus dem Englischen von Andreas Bredenfeld

Schriften: Malaussène Translation von Laure Afchain, Berg von Andreas Johansen

Druck: Printer Trento srl., Trento, Italien
Hergestellt in Europa

Erschienen bei Kleine Gestalten, Berlin 2019
ISBN 978-3-89955-823-4

Die englische Ausgabe ist unter der ISBN 978-3-89955-824-1 erhältlich.

6. Auflage, 2024

Weitere Informationen und Buchbestellungen unter www.kleine.gestalten.com.

Bibliografische Information der Deutschen Nationalbibliothek. Die Deutsche
Nationalbibliothek verzeichnet diese Publikation in der Deutschen Nationalbibliografie;
detaillierte bibliografische Daten sind im Internet über www.dnb.de abrufbar.

Dieses Buch wurde auf FSC®-zertifiziertem Papier gedruckt.

Grüner wird's nicht!

Das Buch für kleine Gärtner

Es macht Spaß, zu gärtnern und sich um die Natur zu kümmern. Wohnst du in einem Haus oder in einer Wohnung? Hast du einen kleinen Garten, einen Balkon oder eine Fensterbank? Du kannst überall gärtnern und mehr über unser Ökosystem lernen. Um dich herum gibt es viele Orte, an denen du Gemüse und Blumen anpflanzen, Kräuter für dein Essen ziehen und die Natur beobachten kannst.

In diesem Buch findest du viele Ideen zum Gärtnern, Lernen, Beobachten und Selbermachen. Loslegen könntest du Beispiel mit einem Wildblumentopf. Oder möchtest du lieber zuerst das Wetter erforschen? Du kannst auch Samenbomben kneten, aus denen sogar am Straßenrand bunte Blumen wachsen. Oder du lässt auf der Fensterbank aus Essensresten neue Pflanzen entstehen – zum Beispiel ein Süßkartoffelmännchen. Alle Ideen in diesem Buch kannst du selbst in die Tat umsetzen. Für die meisten brauchst du nicht mal Hilfe von Erwachsenen.

Ein eigener Garten macht Spaß, und ihn zu pflegen ist gar nicht so schwer. Außerdem erfährst du dabei viel über deine Umgebung – ob mit einem Naturtagebuch, gepressten Blumen oder einem Insektenhotel, das Bestäuber in dein grünes Reich lockt.

Viel Spaß!

Deine Gemüse-Fensterbank

Du brauchst

Zahnstocher
Eine halbe Süßkartoffel
Ein Glas Wasser
Frühlingszwiebeln
Erde

Wusstest du, dass man aus Küchenresten wieder neues Gemüse ziehen kann? Wenn die Pflanze ausgewachsen ist, kannst du das gleiche Gemüse noch einmal essen. Dafür braucht die Pflanze nur ein Glas Wasser oder ein bisschen Erde.

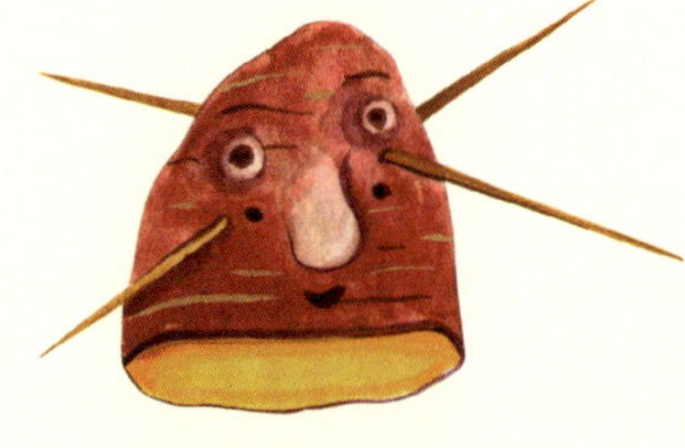

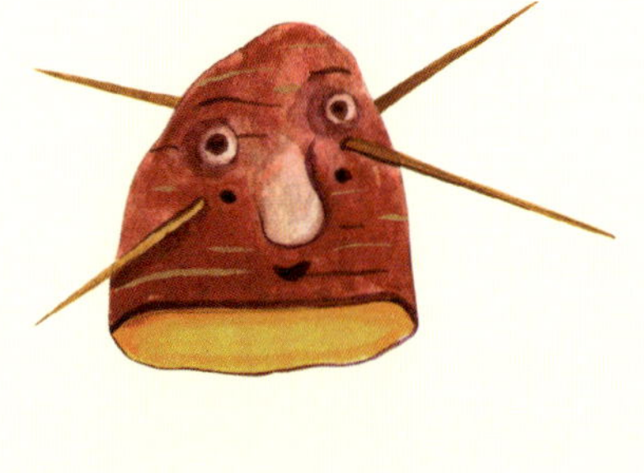

1

Die Süßkartoffel mit zwei Zahnstochern so aufspießen, dass diese auf beiden Seiten gleich weit hervorstehen.

2

Dann füllst du frisches Wasser in das Glas und lässt oben ein paar Zentimeter Platz.

3

Die Süßkartoffel so in das Glas hängen, dass die aufgeschnittene Seite im Wasser und der obere Teil über Wasser ist.

4

Das Süßkartoffelmännchen an einen hellen Ort stellen, aber nicht direkt in die Sonne. Innerhalb einer Woche sprießen die ersten Triebe mit kleinen Blättern. Achte darauf, dass der untere Teil der Süßkartoffel immer im Wasser bleibt.

Das funktioniert auch mit Frühlingszwiebeln in Erde:

1

2

Während die Süßkartoffel wächst, klettern die Ranken am Fensterrahmen hoch, wenn du sie lässt. Die Blätter sind essbar und machen sich gut in Salaten oder Eintöpfen.

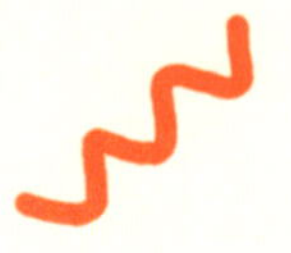

Blumentöpfe basteln

Bunte Töpfe für deine Pflanzen kannst du ganz leicht selber machen. Fast alle Materialien findest du in der Küche oder draußen. Denk dran, leere Milchtüten aufzuheben!

Du brauchst

- Leere und saubere Milchtüten – gewachst oder aus Kunststoff
- Einen Untersetzer pro Milchtüte
- Ein paar flache Kieselsteine
- Kleine Pflanzen
- Eine Schere
- Einen Textmarker
- Blumenerde
- Farben und Pinsel

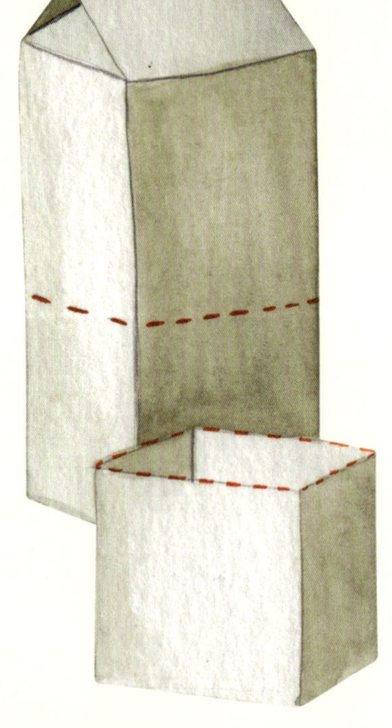

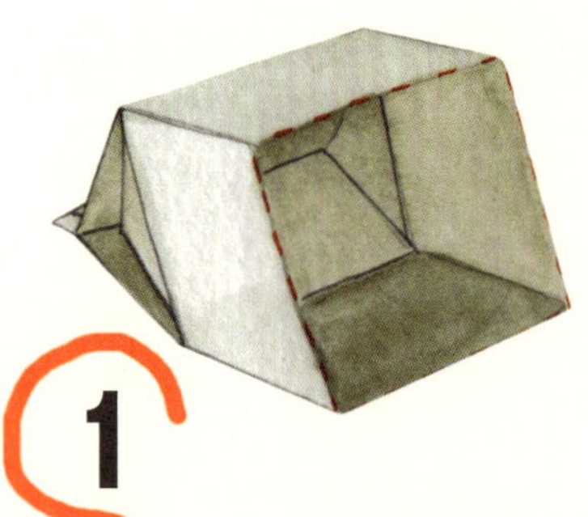

1

Überleg dir, wie groß dein Blumentopf werden soll. Zeichne eine Schnittlinie auf die Milchtüte, schneide den oberen Teil ab und wirf ihn in die Recycling-Tonne.

2

Als nächstes bohrst du drei Ablauflöcher in die Unterseite der Milchtüte.

3

Jetzt geht es ans Dekorieren! Du kannst die Seiten der Töpfe nach Lust und Laune mit Punkten, Streifen oder Gesichtern verzieren.

Die Milchtüte zur Hälfte mit Blumenerde füllen und deine kleine Pflanze einsetzen. Schütte Erde nach, bis die Milchtüte voll ist, und drück die Erde fest an.

Kieselsteine auf den Untersetzer legen und die Milchtüte draufstellen.

In solchen Töpfen kannst du auch Blumensamen aussäen. Wie das geht, steht auf den Seiten 26–27. Auch mit Kräutern klappt das gut.

6

Jetzt noch ein wenig gießen – viel Spaß mit deinem neuen Blumentopf!

Dein Kräuterbeet in der Wohnung

Selbstgezogene Kräuter von der eigenen Fensterbank schmecken einfach lecker. Für dein kleines Kräuterbeet wählst du am besten eine Stelle, die viel Sonne abbekommt.

Du brauchst

Einen Blumenkasten oder mehrere Blumentöpfe

Einen Untersetzer oder ein Tablett als Unterlage

Blumenerde

Fenchel- und Petersiliensamen

1

Den Topf mit Erde füllen und oben 5 Zentimeter Platz lassen. Die Erde fest andrücken.

2

Deine Fenchelsamen über die halbe Fläche verteilen.

3

Auf der anderen Hälfte verteilst du deine Petersiliensamen.

4

Bestreu die Samen mit Erde, bis sie knapp bedeckt sind. Drück die Erde fest an. Setz den Topf auf den Untersetzer.

Die Kräuter regelmäßig gießen, dann gedeihen sie eine Saison lang – oder sogar zwei.

5

Wenn die Pflanzen 15 Zentimeter hoch sind, kann die Ernte beginnen - aber immer nur in kleinen Mengen. Nimm dafür eine Schere, damit die Wurzeln heil bleiben.

Gartenpflege

Erde

Für Pflanzen ist die Erde das Haus, in dem sie wohnen. Am wohlsten fühlen sie sich, wenn dieses Haus gesund ist und alles hat, was sie zum Glücklichsein brauchen. Jeder Typ Erde braucht das Gleiche: Leben!

Wässern

Braucht dein Garten Wasser? Steck einfach mal deinen Finger in den Boden. Fühlt sich das feucht an? Oder eher trocken und krümelig?

Kompost

Wenn du deinem Boden Kompost beimischst, werden deine Pflanzen groß und stark. Schichte Laub, Stroh oder trockenes Gras übereinander und gib Speiseabfälle oder frischen Rasenschnitt dazu. Wie bei einer Lasagne legst du viele Schichten übereinander. In deinem Komposthaufen kann es sogar so warm werden, dass er dampft.

Welchen Boden hast du bei dir zu Hause?
Ton
Schweren Tonboden erkennst du daran, dass er klebt, wenn du ihn in der Hand zusammendrückst.
Beton
In manchen Höfen gibt es gar keine Erde. Dann verteilst du deinen Garten eben auf ganz viele Blumentöpfe.
Sand und Lehm
Sandboden oder sandiger Lehmboden ist nicht so klebrig wie Tonboden, wenn du ihn zusammendrückst. Er rieselt durch deine Finger. Kakteen mögen sandige Böden besonders gern.

Das Insektenhotel

Du kannst freundliche Käfer anlocken, indem du ihnen einen schönen Platz zum Wohnen baust. Nützliche Insekten brauchen ein trockenes, gemütliches Dach über dem Kopf. Dein Hotel bietet ihnen den perfekten Unterschlupf. Die Hotelgäste haben unterschiedliche Vorlieben für ihre Zimmer.

Du brauchst

Eine alte, aber stabile Kiste aus Holz, Pappe oder Kunststoff

Bündel aus kurzen Stöcken, Schilfrohr oder dünnem Bambus

Dünnen Draht

Eine Gartenschere

Ton

Manche Insekten verkriechen sich gern zwischen Stöckchen, andere in Schilfrohren, Schlamm- oder Lehmlöchern. Am besten bietest du ihnen viele verschiedene Wohnungen an.

1

Stell die Kiste hochkant auf. Schneide die Stöckchen und Schilfrohre mit der Gartenschere so zurecht, dass sie ein bisschen über den Kistenrand stehen.

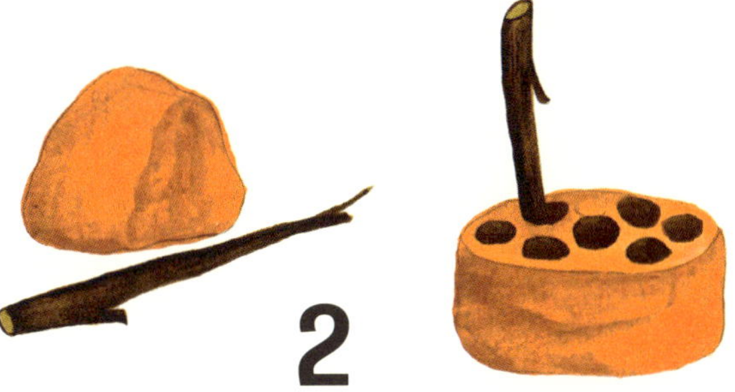

2

Als nächstes formst du den Ton zu einer runden Scheibe. Dann bohrst du mit einem Stöckchen vorsichtig Löcher in die Tonscheibe. Jedes Loch sollte mindestens 5 Zentimeter tief sein.

3

Deine Lehmscheibe mit den Löchern nach außen in eine Ecke der Kiste legen.

4

Aus den Stöckchen und Schilfrohren machst du getrennte Bündel – also immer Gleiches zu Gleichem – und bindest sie fest zusammen. Danach verteilst du die Bündel in der Kiste.

5

Dein Insektenhotel kannst du jetzt draußen aufstellen – an einem geschützten, trockenen Ort und etwa 1 Meter über dem Boden auf einem Regal oder Tisch.

Es dauert eine Weile, bis die Insekten dein Hotel entdecken und einchecken. Aber bald wirst du die ersten Gäste begrüßen können. In manchen Löchern wird es vielleicht richtig voll, wenn deine Gäste ihren Freunden von dem neuen Luxushotel vorschwärmen!

Saatgut sammeln

Wenn du die Samen deiner Lieblingspflanzen aufhebst, kannst du sie jederzeit neu anbauen oder an deine Freunde verschenken.

Du brauchst

Ein quadratisches Stück Papier

1 Lege das Papier mit der Ecke nach unten vor dich auf den Tisch.

2 Falte es in der Mitte, sodass die Spitzen sich treffen.

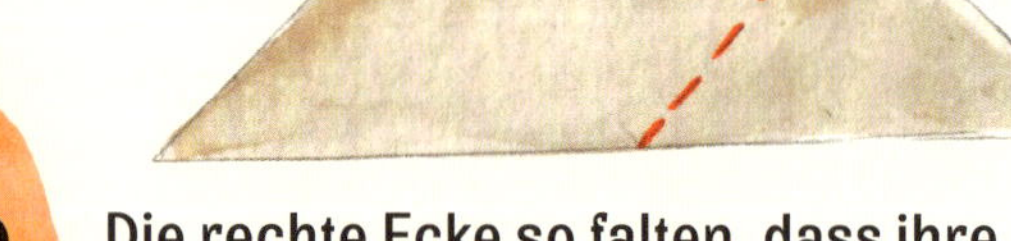

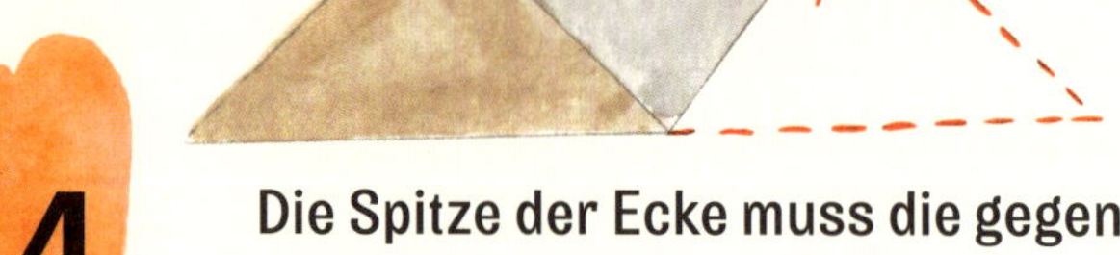

3 Die rechte Ecke so falten, dass ihre obere Kante gerade liegt.

4 Die Spitze der Ecke muss die gegenüberliegende Kante berühren.

5 Mach jetzt das Gleiche mit der linken Ecke. Beide Ecken müssen die jeweils gegenüberliegende Seite berühren und eine gerade Oberkante bilden.

6 Steck die obere Lage der Spitze in die Falte, die in Schritt 5 entstanden ist.

Fertig ist deine Samentüte! Jetzt kannst du sie beschriften, verzieren und mit Samen befüllen. Zum Verschließen steckst du die hintere Lage der Spitze in die Falte. Deine Samen bewahrst du am besten an einem trockenen, kühlen Ort ohne Schädlinge auf.

Zeitungstöpfe für Setzlinge

Du brauchst

Eine Schere

Zeitung

Eine ungeöffnete Konservenbüchse

Klebeband

In Töpfen aus Zeitungspapier können deine Setzlinge im Frühjahr wunderbar keimen! Bau dir dafür aus alten Zeitungen ein paar Anzuchttöpfe. Sobald deine Setzlinge keimen, kannst du den kompletten Topf im Garten einpflanzen. Dort bilden die Setzlinge Wurzeln und die Zeitung löst sich von ganz allein auf.

1

Falte zwei doppelte Zeitungsbögen zusammen. Jetzt hast du vier Papierlagen.

2

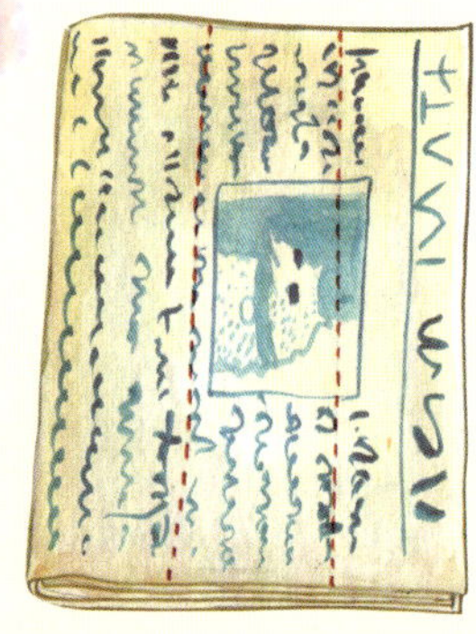

Schneide die Zeitung längs in drei gleich große Streifen. So hast du genug Papier für drei Töpfchen.

3

Einen der vierlagigen Zeitungsstreifen der Länge nach hinlegen. Deine Büchse legst du quer darauf. Lass das Papier oben drei Zentimeter überstehen.

4

Mit der Büchse das Zeitungspapier zu einem Rohr rollen. Dabei musst du nicht viel Druck ausüben. Das Ende des Rohrs mit Klebeband befestigen.

5

Falte das überstehende Papier über die Unterseite der Büchse – fertig ist der Boden deines Topfes. Danach noch das Papier fest aufeinanderpressen.

6

Den Topf drehen, um die Büchse herauszuziehen. Jetzt kannst du dich an den nächsten Topf machen.

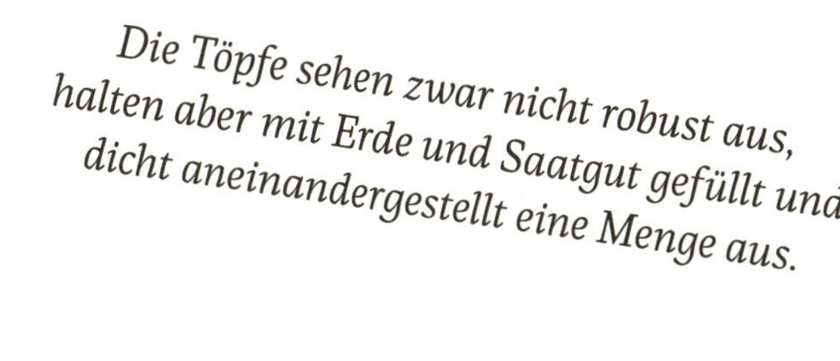

Die Töpfe sehen zwar nicht robust aus, halten aber mit Erde und Saatgut gefüllt und dicht aneinandergestellt eine Menge aus.

7

Zuletzt alle Anzuchttöpfe auf eine Ablage stellen und mit Saatgutmischung befüllen. Wenn es an der Zeit ist, sie im Garten einzupflanzen, einfach das Klebeband entfernen und die Töpfe komplett in die Erde setzen.

Das Innenleben einer Blume

Was ist Bestäubung?

Wusstest du, dass ohne Bestäubung im Garten gar nichts läuft? Bei der Bestäubung wird Pollen (Blütenstaub) von einer Blüte zur anderen transportiert. Aus den bestäubten Blumen entwickeln sich Früchte und Samen.

2 1

3

Was passiert beim Bestäuben?

Zuerst wandert der Pollen vom Staubblatt (1) zur sogenannten Narbe (2) der Blüte. Nach der Reise durch den Pollenschlauch befruchtet der Pollen die Samenanlagen im sogenannten Fruchtknoten der Blüte (3).

Nach der Befruchtung schwillt der Fruchtknoten langsam an und wird zu einer Frucht mit lauter neuen Samen.

Je nach Pflanzenart kann das eine Birne, ein Kürbis oder eine Hagebutte sein. Jede Frucht enthält befruchtete Samen. Wenn du diese einpflanzt, kann daraus eine neue Pflanzengeneration wachsen.

Was sind Bestäuber?

Manche Pflanzen brauchen Helfer, damit der Pollen von den männlichen zu den weiblichen Blüten gelangt. Diese Helfer nennt man Bestäuber.

Wo sind die Bestäuber?

Die Bestäuber sind überall um uns herum – jeden Tag. Manche bevorzugen bestimmte Pflanzen, andere sind weniger wählerisch.

Wind weht Pollen von Blüte zu Blüte.
Bienen besuchen viele Blüten, um Nektar und Pollen zu sammeln, und verteilen dabei die Pollen.
Wespen sammeln ebenfalls Nektar und Pollen und helfen so beim Bestäuben mit.
Kleine Vögel trinken den Nektar aus den Blüten und verteilen dabei ebenfalls Pollen.
Schmetterlinge nippen hier und da am Nektar und nehmen dabei Pollen am Kopf und an den Beinen mit.
Motten schlürfen Nektar aus besonderen Blüten, die sich nachts öffnen.

Samenbomben

Eine Samenbombe ist ein harter, trockener Ball aus Ton, Kompost und Blumensamen und funktioniert wie eine Zauberkugel, mit der du überall Blumen pflanzen kannst. Dazu legst du deine Samenbombe hin, wo du magst, und wartest auf Regen.

Der nächste kräftige Schauer löst den Ton auf und die Samenkörner gelangen in den Boden. Nach ein oder zwei Monaten gibt es dann eine Blumenexplosion. Nicht vergessen: Jede zusätzliche Blume bedeutet mehr Nahrung für die Bestäuber!

Schütte deinen Kompost durch ein Sieb in den Eimer, damit er feinkörnig wird. Was im Sieb hängenbleibt, kannst du im Garten oder Blumentopf verteilen.

Die gleiche Menge Ton in den Eimer füllen, sodass genauso viel Ton darin ist wie Kompost. Wenn du Modellierton verwendest, weiche ihn vorher mit etwas Wasser ein.

3

Füll deine Blumensamen in den Eimer. Eine Handvoll Samen auf zwei Tassen Ton-Kompost-Mix sind gut, aber du kannst auch mehr oder weniger nehmen - ganz wie du magst.

Alle Zutaten durchmischen und etwas Wasser dazugeben, bis das Gemisch so fest ist, dass du Bällchen daraus formen kannst.

Nimm etwas Mischung und roll sie zwischen deinen Händen zu einem Bällchen. Es sollte ungefähr so groß sein wie eine Kirsche. Das Bällchen kannst du auf eine Ablage legen und dann das nächste formen. Die Samenbomben halten sich viele Monate.

Die Samenbomben kannst du dorthin legen oder werfen, wo Blumen wachsen sollen. Warte auf Regen und drück die Daumen!

Dein Flaschen-Windrad

Aus welcher Himmelsrichtung weht bei dir zu Hause der Wind? Kommt er im Frühjahr aus dem Osten und im Herbst aus dem Westen? Mit einem Windrad kannst du das Wetter in deinem Garten und deine Umgebung besser kennenlernen. Dieses Windrad kann man aus einer runden PET-Flasche basteln, die du bunt anmalen kannst.

Du brauchst

- Eine PET-Flasche
- Eine scharfe Schere
- Einen Textmarker
- Eine Büroklammer
- Bindfaden

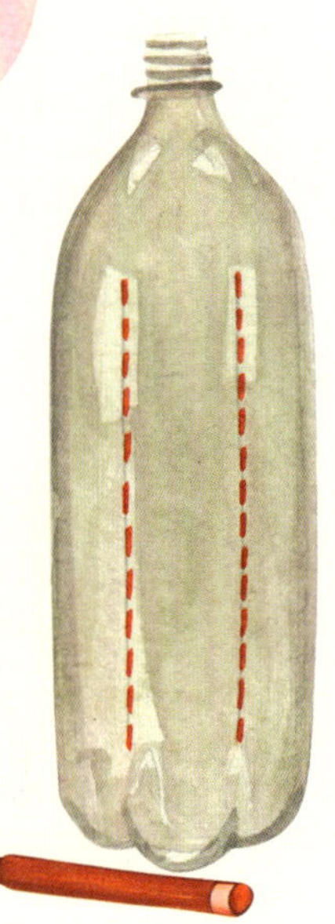

1

Senkrechte Linien auf die Flasche malen und oben und unten Platz lassen. Zwischen den Linien sollten einige Zentimeter Abstand sein.

2

Schneide mit der Schere vorsichtig an den Linien entlang.

3

Jetzt kannst du oben und unten an jedem Schlitz einen kleinen waagerechten Schnitt machen - immer in der gleichen Richtung.

4

Drück alle dadurch entstandenen Laschen ein bisschen in die Flasche und bieg sie etwas nach innen.

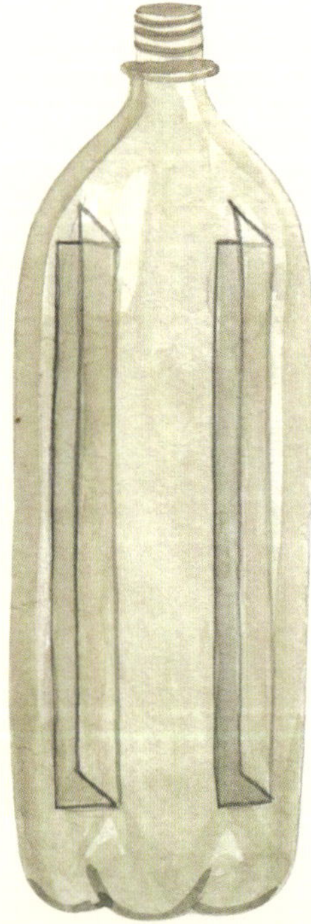

5

Ein Loch in den Flaschendeckel bohren und ein Ende der Büroklammer hineinstecken. Dann kannst du sie so umbiegen, dass sie nicht herausrutscht, sich aber frei drehen kann.

Häng dein Windrad mit dem Bindfaden an einen Baum oder an den Balkon, wo es sich ungehindert drehen kann. Schau, wie es sich im Wind bewegt! Jetzt kannst du immer sehen, aus welcher Richtung der Wind in deinen Garten bläst.

6

Zum Schluss kannst du dein Flaschen-Windrad verzieren.

Bunter Wildblumentopf

Wenn du Bestäuber, wie Bienen oder Schmetterlinge, in deinen Garten locken willst, kannst du einen Wildblumentopf aufstellen. Die Bestäuber werden von den bunten Blumen begeistert sein – und du auch!

Du brauchst

Eine große Schale

Kieselsteine

Ausreichend Blumenerde

Bei Bestäubern beliebte Blumensamen – zum Beispiel Ringelblume, Wilde Möhre, Kosmeen oder Borretsch

1 Such dir als Erstes einen passenden Standort, denn der volle Topf ist nachher ganz schön schwer. Leg dann ein paar Kieselsteine in die Schale, damit das überschüssige Wasser besser abfließen kann. Gib anschließend Blumenerde dazu - bis 10 Zentimeter unter den Rand.

2 Als nächstes verteilst du die Blumensamen über die Blumenerde.

3 Bestreu die Samen mit Erde, bis sie bedeckt sind, und klopf die Erde leicht fest.

4

Wenn du regelmäßig gießt, wirst du sehen, dass bald Keimlinge aus der Erde kommen. Schreib auf, welche Bestäuber du an den Blüten entdeckst.

Dein Naturtagebuch

Wenn du ein Tier- und Pflanzentagebuch führst, lernst du viel über die Jahreszeiten, deinen Garten und natürlich die Tiere und Pflanzen um dich herum.

Wenn wir Tagebuch führen, fallen uns mehr Sachen auf, weil wir Ausschau danach halten, um sie aufzuschreiben. Und je mehr dir in deinem Garten auffällt, umso besser verstehst du, was dort passiert – Jahr für Jahr. Mach dich auf überraschende Entdeckungen gefasst!

Du kannst dein Tagebuch nach Monaten oder Jahreszeiten ordnen. Nimm ein leeres Buch und trag oben das Datum und den Ort ein. Schreib alles auf, was du in deinem Garten siehst.

Du kannst zum Beispiel aufschreiben, welche Gemüsesorten du anpflanzt und welche dir am besten geschmeckt haben. Du kannst auch gepresste Blumen und Blätter dazulegen, damit du dich an deine Lieblingspflanzen erinnerst.

Fragen für dein Tagebuch

Welche Blumen sprießen im Frühling zuerst?
Welche Blumen halten sich am längsten?

Wer besucht die blauen Blüten am häufigsten?
Marienkäfer, Bienen oder Schmetterlinge?

Welche Spinnenarten leben in deinem Garten? Schlag sie nach und notier dir die Namen.

An welchem Tag siehst du im Frühling die ersten Blätter an einem großen Baum?
An welchem Tag verliert ein Baum im Herbst seine letzten Blätter?

Wann hast du in diesem Jahr deine Bohnen gepflanzt?
Und wann hast du die letzten davon geerntet?

Was für Wolken siehst du am Himmel?
Schlag die verschiedenen Wolkennamen nach und schreib dir ihre Namen auf.

Wo leben die Schnecken in deinem Garten?
Gibt es Frösche?

Tiere im Garten

Welche Insekten gibt es in deinem Garten oder im Park? Nimm eine Lupe und guck genau hin. Welche Tiere findest du in Blüten, auf Blättern, unter Steinen und Ziegeln und in den vielen anderen kleinen Verstecken?

Schau dir auch die Bäume genau an, denn dort wimmelt es vor Lebewesen. Käfer und Spinnen leben zum Beispiel gern in der Baumrinde, Vögel und andere kleine Tiere in Baumhöhlen.

Halte Ausschau nach:

Regenwurm
Marienkäfer
Ohrwurm
Kartoffelkäfer
Fliegende
Ameise
Ameise
Raupe

Kokedama zum Aufhängen

Kein Platz mehr für Blumentöpfe auf der Fensterbank? Macht nichts! Mit selbstgebauten Mooskugeln – sogenannten Kokedama – zauberst du dir einen Mini-Hängegarten ins Zimmer.

Du brauchst

Blumenerde

Sand

Zwei 30 × 30 Zentimeter große Stücke Sackleinen

Einen kleinen Farn

Frisches Moos

Jede Menge Bindfaden

1

In einem Eimer zwei Handvoll Erde und zwei Handvoll Sand vermengen.

2

Schneide zwei je 1 Meter lange Bindfäden zurecht und leg sie über Kreuz auf den Tisch.

3

Das Sackleinenstück auf die Stelle legen, wo die Bindfäden sich kreuzen, und die Erde-Sand-Mischung mittig auf das Sackleinen häufen.

4

Nimm deine Pflanze vorsichtig aus ihrem Topf und lass etwas Erde an den Wurzeln. Stell die Pflanze mittig auf die Erde-Sand-Mischung.

Nimm die Ecken des Sackleinens vorsichtig hoch, sodass es die Erde wie eine Tasche umschließt und die Pflanze oben herausschaut. Jetzt die Sackleinenkugel mit dem Bindfaden zu einem Ball schnüren.

Lege das zweite Sackleinen zur Stabilisierung darüber und binde die Kugel oben zusammen.

Das Moos auf der Kugel platzieren und mit weiteren Bindfäden befestigen.

Den Moosball mit beliebig vielen Bindfäden fest zusammenschnüren.

Jetzt geht es ans Wässern: Leg deinen Moosball für 30 Minuten in eine Schüssel mit Wasser.

Dein Kokedama solltest du alle paar Wochen wässern – oder immer dann, wenn es sich sehr trocken anfühlt.

Lass den Moosball vollständig abtropfen (am besten in der Badewanne oder Dusche) und häng ihn auf.

Vögel füttern

Du brauchst

- Eine PET-Flasche
- Zwei Holzlöffel mit rundem Griff
- Etwas Draht und Bindfaden
- Vogelfutter
- Einen Trichter
- Eine scharfe Schere
- Einen Textmarker

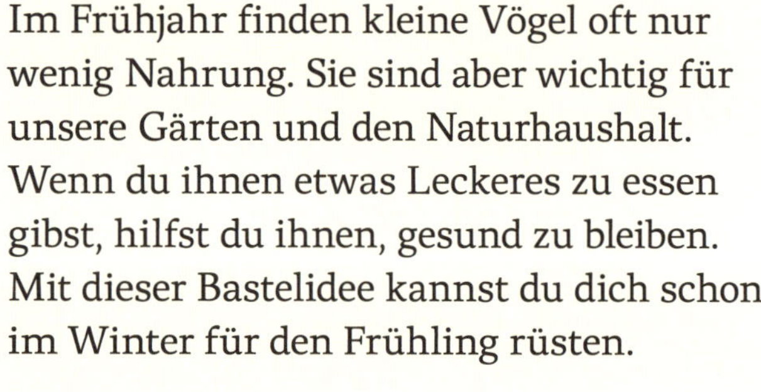

Im Frühjahr finden kleine Vögel oft nur wenig Nahrung. Sie sind aber wichtig für unsere Gärten und den Naturhaushalt. Wenn du ihnen etwas Leckeres zu essen gibst, hilfst du ihnen, gesund zu bleiben. Mit dieser Bastelidee kannst du dich schon im Winter für den Frühling rüsten.

1

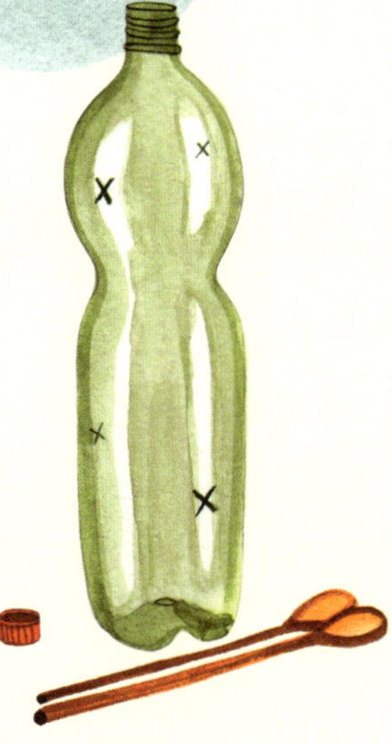

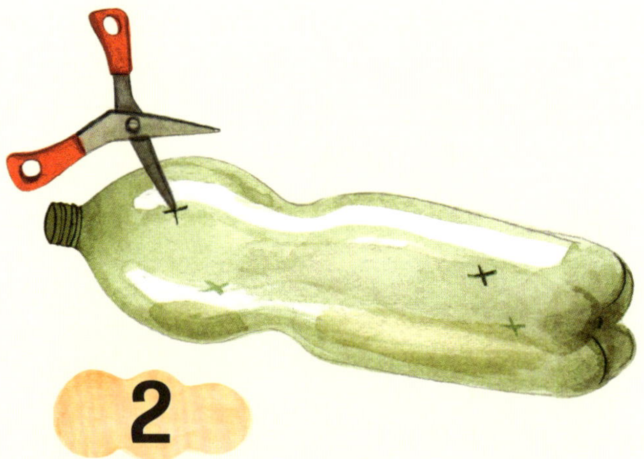

Vier Stellen markieren, an denen du später die Löffel als Sitzstangen durch die Flaschenwand stecken kannst. Die Löffel sollten dann über Kreuz stehen und etwas Höhenabstand haben.

2

An den markierten Stellen mit der Schere vorsichtig in die Flasche stechen. Bitte dazu einen Erwachsenen um Hilfe. Es macht nichts, wenn die Löcher etwas einreißen.

3

Deine Löffel bis zum Stielansatz durch die Löcher stecken, sodass sie nicht herausfallen, aber etwas Spielraum haben.

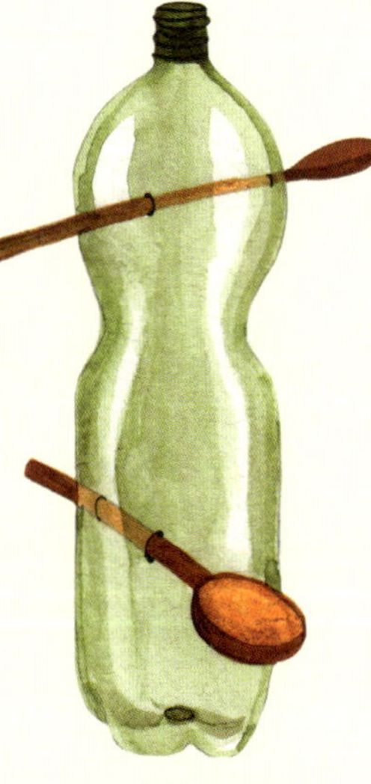

4

Den Trichter auf die Flasche setzen und das Vogelfutter einfüllen, bis die Flasche fast voll ist.

Jetzt kannst du die Flasche fest zuschrauben und mit Draht und Bindfaden aufhängen.

Wenn die Vögelchen sich auf die Löffelstiele setzen, bringen sie die Flasche mit ihrem Gewicht zum Wackeln und rütteln so etwas Vogelfutter heraus. Wenn der Futtervorrat nicht mehr bis zum unteren Löffel reicht, kannst du deine Futterstation abnehmen und auffüllen.

Dein Terrarium

Mit einem Terrarium holst du dir den Garten ins Zimmer! Ein Terrarium ist ein Ökosystem für sich – eine kleine Welt im Glas. Das Wechselspiel zwischen deinen Pflanzen und der Wärme und Feuchtigkeit, die sie im Glas produzieren, hält sie gesund. Du kannst das Terrarium direkt neben dein Bett stellen, dann siehst du morgens beim Aufwachen als Erstes ein Stück Natur.

Du brauchst

- Ein großes Glas mit Deckel
- Kleine schattenliebende Pflanzen – zum Beispiele Farne und Sukkulenten
- Frisches Moos
- Aktivkohle
- Erde
- Sand

Füll Aktivkohle in dein Glas, bis der Boden bedeckt ist.

In einem Eimer zu gleichen Teilen Erde und Sand vermischen. Die Mischung ins Glas füllen, bis es zu einem Drittel voll ist.

Deine Pflanzen behutsam aus ihren Töpfen nehmen, die Erde von den Wurzeln schütteln und die Pflanzen mit ausgebreiteten Wurzeln einsetzen.

Vorsichtig Moos um die Pflanzen herumlegen, bis die Erde vollständig bedeckt
ist. Das Moos fest andrücken und deine Pflanzen gießen.

Du kannst dein Terrarium fast überall hinstellen. Es sollte allerdings kein direktes Sonnenlicht abbekommen. Dein Terrarium muss nur sparsam gewässert werden - jedes Mal ein bisschen.

Tipp:
Unterhalte dich mit deinem Terrarium! Beim Ausatmen stößt du nämlich Kohlenstoffdioxid aus, das die Pflanzen zum Wachsen brauchen. Deine Gespräche mit dem Terrarium halten es also gesund.

Beste Freunde

Wusstest du, dass manche Pflanzen sich gut leiden können und andere nicht? Einige werden besonders groß und stark, wenn sie Nachbarn haben, die sie mögen. Pflanzt man befreundete Pflanzen zusammen an, heißt das „Mischkultur". Gemüse aus Mischkulturen schmeckt oft wirklich besser.

Wenn du Spinat oder Kräuter erntest, schneide die Blätter mit einer Gartenschere ab, statt die ganze Pflanze auszureißen und die Wurzeln zu beschädigen. So können die Blätter nachwachsen – und du kannst mehr ernten! Karotten, Radieschen oder Rettich hingegen ziehst du beim Ernten komplett aus der Erde. Achte darauf, dass die Erde im Beet bleibt und nicht in der Spüle oder auf dem Boden landet.

Blumen und Blätter pressen

Du brauchst

Ein großes Buch

Zeitung

Ein Gewicht (zum Beispiel einen Ziegelstein)

Blumen zum Pressen

Mit gepressten Blumen und Blättern kannst du das ganze Jahr lang wunderbar basteln. Manche Pflanzen eignen sich besser zum Pressen als andere. Am besten nimmst du flache Blumen und Blätter ohne große Unebenheiten – wie Stiefmütterchen, Gänseblümchen, Veilchen oder Herbstlaub. Bei größeren Blumen kannst du einfach die Blütenblätter abtrennen und pressen.

1 Schlag dein Buch auf und leg ein Stück Zeitung auf die Seite.

2 Leg deine Blume so flach wie möglich auf die Zeitung.

3 Deck die Blume mit Zeitung ab und mach das Buch vorsichtig zu.

4 Leg als zusätzliche Presshilfe ein Gewicht auf das Buch.

5

Warte einen Monat und schau dann ins Buch ... Wenn die Blumen noch nicht ganz trocken sind, noch einen Monat pressen.

Einen Pfirsichbaum pflanzen

Du brauchst

- Saubere und trockene Pfirsichkerne
- Ein großes Glas mit Deckel
- Einen kühlen Aufbewahrungsort bis zum Frühjahr
- Kleine Töpfe mit Kompost

Wie wird eigentlich aus einem Pfirsichkern ein Pfirsichbaum? Pflanz selber einen und finde es heraus …

1

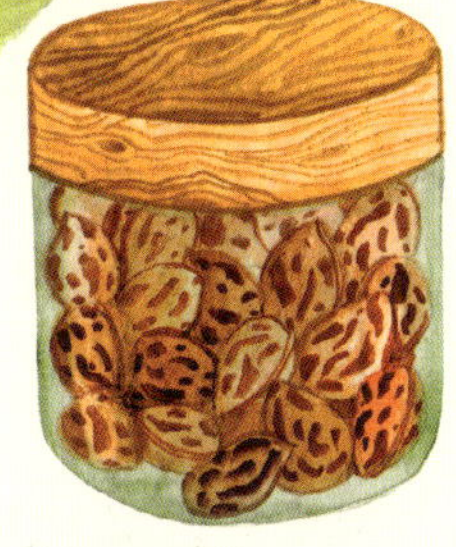

Die Kerne deiner leckersten Pfirsiche in einem Glas sammeln und das Glas bis zum Frühjahr in den Kühlschank stellen.

Im Frühjahr die Kerne vorsichtig in je einen Topf mit Kompost pflanzen. Haben ein oder zwei Kerne schon gekeimt? Das macht nichts! Du kannst sie mit der Wurzel nach unten in den Kompost einsetzen.

3

Die Töpfe feuchthalten und an einem warmen Ort aufbewahren.

Wenn dein Pfirsichsetzling kräftig wächst, kann er in einen größeren Topf mit Erde umziehen.

Wenn dein Pfirsichbaum zum Spross herangewachsen ist, kannst du ihn draußen einpflanzen. In drei oder vier Jahren wird er erste Früchte tragen.

Nicht alle Pfirsiche sind „kernecht“. Am neuen Baum wachsen also nicht unbedingt die gleichen Früchte wie die, von denen die Kerne stammen.

Ein Bohnenzelt bauen

Du brauchst

Viele Stangen-/ Kletterbohnensamen (Achtung: keine Buschbohnen)

Pflanzkelle

Eine Menge Stangen, je mindestens zwei Meter lang

Stabilen Bindfaden oder Draht

Hättest du gern ein bewohnbares Beet im Garten? Ein Bohnenzelt ist ein schönes Versteck und versorgt dich mit leckerem Gemüse. Falls du keinen Garten hast, kannst du die Bohnen im Topf anpflanzen und dein Fenster umranken lassen.

1

Such dir ein sonniges Plätzchen für dein Zelt. Zieh einen Kreis auf dem Boden und leg rundherum einen ungefähr 10 Zentimeter tiefen Graben an.

2

Die Stangen wie die Streben eines Tipis in deinen Graben stecken. Bitte einen Erwachsenen, die Stangen oben festzuhalten.

3

Binde die Stangen oben mit Bindfaden oder Draht zusammen. Denk daran, eine Lücke für den Eingang zu lassen.

4

Den Graben mit der ausgehobenen Erde füllen, um die Stangen besser zu verankern. Klopf die Erde nicht fest, dann lassen sich die Bohnen leichter säen.

5

Das Zelt ist fertig! Jetzt kannst du deine Bohnensamen ringsum im Graben verteilen – außer am Eingang. Steck sie eine Daumenlänge tief in den Boden und bedeck sie mit Erde.

6

Die Samen einmal gießen und erst dann wieder wässern, wenn innerhalb einer Woche die ersten Keimlinge sprießen.

Schau zu, wie die Bohnen sich langsam an den Stangen hochranken. Bald kannst du gemütlich in deinem grünen Bohnenzelt sitzen und den ganzen Tag Bohnen essen.

Glossar

Befruchtung
Wenn eine männliche und eine weibliche Keimzelle zusammenkommen, nennt man das Befruchtung. Eine neue Pflanze entsteht.

Bestäuber
Alles, was einer Blüte hilft, ihre Pollen zu verteilen – vor allem Insekten, Vögel oder der Wind.

Bestäubung
Die Übertragung von Pollen von den Staubbeuteln auf die Narbe einer Blüte.

Beton
Ein fester, schwerer Baustoff aus Stein, Kies, Zement, Sand und Wasser. Aus Beton werden Straßen und Gebäude gebaut.

Düngen
Durch Düngen verbessert man die Bodenqualität und sorgt mit Kompost und anderen Düngemitteln dafür, dass die Pflanzen besser wachsen.

Ernte
Wenn du erntest, holst du reifes Gemüse und Obst aus dem Garten.

Farn
Eine Pflanze, die nicht blüht und lange, federartige Blätter hat. Viele Farne brauchen nicht viel Licht und gedeihen deshalb auch im Wald.

Fenchel
Dieses Gemüse schmeckt wie Lakritz und wird zum Kochen oder für Tees verwendet.

Fruchtknoten
Das weibliche Fortpflanzungsorgan in einer Blume.

Kokedama
Ein moosbedeckter Ball aus Erde, aus dem eine Pflanze wächst. Du kannst deine Mooskugel aufhängen oder auf ein Tablett legen.

Kompost
Ein Gemisch aus sich zersetzenden Speiseabfällen, mit dem man den Boden verbessert und düngt, damit die Pflanzen mehr Nährstoffe erhalten und besser gedeihen.

Lehm
Eine Bodenart aus Ton und Sand, auf der man gut Pflanzen anbauen kann.

Narbe
Der Teil einer Blüte, der Pollen von anderen Pflanzen empfängt und in dem die Pollenkörner keimen. In einer Blüte – zum Beispiel einer Narzisse – gibt es winzige Stängel. Der größte und längste Stängel in der Mitte ist die Narbe.

Pflanzkelle
Ein kleines Handwerkzeug, mit dem man beim Gärtnern Löcher gräbt.

Pollen
Dieser feine Blütenstaub wird im männlichen Fortpflanzungsorgan einer Blume produziert. Der Pollen kann eine andere oder auch die eigene Blüte befruchten, wenn er auf das weibliche Fortpflanzungsorgan dieser Blüte trifft.

Sackleinen
Ein grobes Naturgewebe, das beim Gärtnern verwendet wird.

Samen
Ein winziges Körnchen, das die Anlagen für eine neue Pflanze in sich trägt.

Spross
Ein junger Baum mit dünnem Stamm, der eines Tages ein ausgewachsener Baum wird.

Staubbeutel
In den Staubbeuteln einer Blume befinden sich die Pollen. Wenn du in eine Blüte – zum Beispiel eine Tulpenblüte – hineinschaust, siehst du dort lange, dünne Stängel: die Staubblätter. Am oberen Ende der Staubbeutel sitzen die runden Pollen.

Stiefmütterchen
Eine kleine Gartenblume mit runden Blütenblättern, die in vielen verschiedenen Farben blüht.

Sukkulente
Dicke, fleischige Pflanze, die in trockener Umgebung wächst und in ihren Blättern Wasser speichert.

Ton
Eine schwere, klebrige Bodenart, aus der man Töpferwaren oder Ziegelsteine formen kann, wenn sie feucht ist.